AF226834

AUX ÉLECTEURS

DU

DÉPARTEMENT DE L'OISE.

AVANT LE SCRUTIN.

« Dès que la France n'aura plus à craindre
» ni guerre civile ni révolution, elle sera
» la maîtresse du monde. »

BEAUVAIS,

IMPRIMERIE DE CONSTANT MOISAND, RUE DES FLAGEOTS, 15.

1849.

AUX ÉLECTEURS

DU

DÉPARTEMENT DE L'OISE.

AVANT LE SCRUTIN.

PREMIÈRE PARTIE.

§ 1ᵉʳ. — Coup-d'œil sur la situation.

L'Assemblée nationale constituante va faire place à une Assemblée législative. Elle lui lègue un rude héritage, qu'il n'était ni dans son mandat, ni dans ses intentions de lui léguer. Si l'on veut bien se reporter par la pensée à l'époque où, pour la première fois, depuis l'avénement de la République, la nation fut appelée à désigner ses mandataires, on se souviendra sans peine des nombreux et graves problèmes qu'elle paraissait destinée à résoudre, en même temps qu'elle devait formuler une Constitution. Posés alors en face de tous les esprits, surexcitant les plus folles espérances chez les uns, inspirant de vives alarmes chez les autres, provoquant les méditations chez tous les hommes de pensée, ces problèmes paraissaient demander impérieusement une prompte solution.

Lequel d'entre nous ne se serait pas montré incrédule, si une voix s'était élevée alors pour nous dire : « cette Assemblée à laquelle la France

» confie un mandat illimité, après avoir vaincu les factions dans une
» lutte suprême, maîtresse en apparence d'accomplir sa mission en
» toute liberté, sera dominée par des nécessités journalières, impré-
» vues, à tel point qu'après une année d'existence, découragée,
» abreuvée de dégoûts, inquiète sur le sort d'une Constitution qu'il lui
» aura été donné de voir lézarder sous ses yeux, elle sera forcée d'aban-
» donner son œuvre, sans même avoir élaboré les lois les plus impor-
» tantes pour sauvegarder l'ordre social en péril, telles que la loi sur
» l'assistance, celle sur l'organisation de la force publique, etc. »

C'est là cependant ce qui arrive aujourd'hui sous nos yeux.

Au lendemain des terribles journées de juin, l'Assemblée imposa par un décret au Pouvoir exécutif, l'obligation d'entretenir une armée aux portes de Paris. Depuis dix mois, c'est sur cette base forcée, artificielle, que repose notre ordre social. Est-ce donc là une solution? La France doit-elle se condamner à immobiliser ainsi sous les murs de sa capitale, le quart de son armée?

La réponse ne saurait être douteuse, et cependant voilà tout ce que l'Assemblée constituante a pu faire pour l'accomplissement de son mandat.

Ce n'est certes pas dans une intention de dénigrement ou de haine que nous nous exprimons ainsi sur le compte d'une Assemblée qui, par sa fermeté en face de circonstances extrêmes, a rendu de grands services au pays ; nous ne sommes pas, Dieu merci, de ceux qui insultent le lendemain ce qu'ils ont glorifié la veille.

Notre but, en écrivant ces pages, n'est pas de nous associer à l'ingratitude des partis, mais de mettre en lumière, pour la masse des électeurs, la situation de la société à la veille des élections de 1849, afin qu'ils puissent apprécier la portée du mandat qu'ils doivent conférer aux membres de la future Assemblée.

Cette situation, à notre avis, peut se résumer de la manière suivante : 1º Une Constitution qui dès ses premiers pas a failli s'écrouler.—2º Le redoutable problème du paupérisme, posé devant la société, aussi entier, et bien plus formidable que le lendemain du 24 Février. — 3º La défensive sociale tout entière à organiser, et reposant artificiellement sur une armée, condamnée à surveiller les factions aux portes de Paris.

Tel est le bilan de notre situation présente.

A quoi servirait de le dissimuler, et ne vaut-il pas mieux qu'on le sache? cet état est plein de périls. Il condamne la France à un perpétuel effort; il immobilise fatalement, sur un point donné du territoire, le quart de son armée, au grand détriment de ses finances et de son action extérieure; il l'affaiblit en face des étrangers; il la ruine chez elle.

Il faut qu'au moment des élections ces vérités, quelque tristes qu'elles soient, éclatent partout et pour tous, qu'elles aillent porter la lumière et réveiller le sentiment national, dans la cabane du pauvre comme sous les lambris du riche; il faut que sous le stimulant d'un danger public immense, imminent, le suffrage universel arrache de son sein des hommes d'énergie et d'initiative, qui n'éludent pas, mais qui abordent les questions; qui sachent d'une main sonder les plaies sociales, non pas pour les mettre à nu et les aviver comme font de nos jours tant d'ambitieux déguisés sous le nom de socialistes, mais pour les panser et les cicatriser s'il se peut; qui, de l'autre, organisent une défensive sociale universelle, résolue, à l'abri de laquelle la société pourra reconquérir la sécurité qui lui manque, afin de résoudre pacifiquement les problèmes qui font le tourment, et qui feront, il faut l'espérer, un jour la gloire de notre époque.

Tel est le but de cet écrit. L'auteur n'a pas prétendu en faire un piédestal pour sa personne, mais convaincu que la franchise seule peut nous sauver, il a obéi à l'inspiration de sa conscience, trop heureux si dans l'humble sphère où il lui est donné d'agir, il pouvait faire quelque bien. Un penseur célèbre a dit : « *en temps de révolution, il est plus difficile de connaître son devoir que de le suivre.* » Nous pensons, nous, que, dans un temps de révolution, le devoir de tout homme de bien, est de faire éclater la vérité. Ceux-là sont nombreux parmi nous, à qui les labeurs de tous les jours enlèvent les loisirs nécessaires pour la chercher, mais qui n'hésiteraient pas à la suivre aussitôt que l'on aurait fait briller son flambeau à leurs yeux. S'il est dans la vie des nations certaines heures de tranquillité, où l'atmosphère de la pensée, si l'on peut dire ainsi, est calme et sereine, où l'humanité progressant d'un pas égal et tranquille, tous les rouages sociaux fonctionnent par leur propre impulsion, il en est d'autres, et celles où nous vivons sont de ce nombre, qui sont pleines de trouble et d'agitation, où l'atmosphère de la pensée est brûlante, où la société, en proie à un douloureux enfantement, réclame les efforts de tous ses membres. La vie de chacun doit alors devenir militante, et celui-là serait un mauvais citoyen, qui ne sentirait pas son cœur se raffermir à la pensée qu'en aidant les hommes de courage à porter haut le flambeau de la vérité, il éclaire pour tous les yeux le terrain véritable sur lequel est planté le drapeau de la civilisation et du progrès.

Or cette vérité triste, mais nue, la voici!

La nation française s'agite sur un écueil entouré d'abîmes.

Ces abîmes, c'est l'anarchie qui les creuse.

Derrière l'anarchie se préparent la banqueroute, le fédéralisme, le despotisme.

§ 2. — Causes de cette situation.

Les causes qui ont produit et qui entretiennent cette situation périlleuse sont diverses. Il importe de les mettre en relief successivement, et d'apporter à l'examen de chacune une serieuse attention.

Il existe dans la constitution politique de la nation française un fait prédominant qui fait l'envie et l'admiration des autres nations. C'est son unité.

OEuvre de bien des siècles, cette unité est devenue chaque jour plus réelle, plus complète, à travers toutes les luttes, et malgré toutes les vicissitudes qu'elle a, tour à tour, traversées ou subies.

Quel que soit le point de vue auquel on se place pour étudier l'histoire de notre pays, soit que l'on blâme ou que l'on approuve les luttes de la monarchie avec la féodalité ; soit que l'on juge Louis XI comme tyran égoïste et imprévoyant, ou que, réhabilitant sa mémoire, on le considère comme un réformateur prévoyant ; soit que l'on sympathise avec les parlements et les débris de la noblesse résistant aux empiétements du pouvoir royal, ou que l'on applaudisse aux échafauds élevés par Richelieu, au spectacle de Louis XIV entrant botté, éperonné et un fouet à la main dans le parlement, puis s'écriant un jour dans son orgueil : « l'État, c'est moi »! soit enfin que l'on glorifie ou que l'on flétrisse les persécutions religieuses, depuis l'effroyable guerre des Albigeois, la Saint-Barthélemy, jusqu'aux noyades de Nantes et aux trop fameux mariages républicains, on demeurera convaincu que tous les évènements ont contribué à cette œuvre de l'unité française, dont, par une solidarité que l'histoire dans son impartialité doit établir, les personnages les plus divers sont devenus les instruments énergiques. Tant il est vrai, que *si l'homme s'agite, c'est Dieu qui le mène,* et qu'il guide l'humanité vers des destinées qu'elle peut rarement entrevoir !

Quoi qu'il en soit, cette unité est aujourd'hui aussi réelle, aussi complète que possible. Homogénéité de langage, de mœurs, de législation, tel est pour la nation française le résultat de ses labeurs passés, résultat exceptionnel dans le monde, et qui, nous le répétons, fait l'envie et l'admiration des autres nations.

C'est vainement que l'Angleterre a cherché à nous suivre dans cette voie, et à fonder l'unité de son empire, en appelant dans son Parlement les représentants des catholiques irlandais émancipés. A la voix puissante d'O'Conell les antipathies religieuses et nationales se sont réveillées, stimulées d'ailleurs par l'aiguillon de la misère. L'Autriche, agglomération de nationalités les plus opposées d'origine, est aux prises avec une guerre de races, et cherche à fonder un Parlement unitaire, véritable tour de Babel où s'entrechoqueraient les idiômes Slaves, Italiens, Croates, Hongrois, Tchèques, Polonais, Allemands. La Prusse, assemblage, elle aussi, de plusieurs nationalités, et coupée en deux par le Hanovre, ne possède pas même l'homogénéité de son territoire. La Russie, ce colosse du Nord, est gênée dans sa liberté d'action par les débris toujours frémissants de la Pologne, et cherche inutilement à se les assimiler, en arborant le drapeau du Panslavisme. Par un privilége sans pareil, la nation française seule possède cette unité complète, que dans l'ancien monde comme dans le nouveau l'on ne retrouve sur aucun point du globe, et vers laquelle les plus puissantes nations ont tendu jusqu'à ce jour avec d'impuissants efforts.

Si d'ailleurs l'on considère la fécondité de son territoire, la variété de ses productions agricoles et industrielles, le nombre de ses habitants, leur génie qui se prête avec une merveilleuse souplesse à toutes les exigences de la paix ou de la guerre, l'ascendant moral qu'elle exerce dans le monde, on est amené à se demander comment il se peut faire que cette nation, la plus nombreuse de l'Europe, après la Russie, si compacte, si unitaire, si heureusement douée, dont la langue et la littérature sont européennes, qui occupe dans les sciences, dans les arts la première place , qui dans la guerre a prouvé maintes fois qu'elle ne saurait avoir de rivale , vers laquelle tous les peuples fixent incessamment leurs regards, tour à tour avec terreur et avec espérance , que chacun d'entr'eux cherche à imiter, on est, disons-nous, amené à se demander avec une douloureuse émotion , comment il se peut faire que tant d'éléments de supériorité nationale , se résument aujourd'hui en une déchéance qui lui a fait perdre fatalement la première place, pour lui laisser à peine la troisième dans l'ordre politique européen.

La cause première et à jamais déplorable qui paralyse ses éléments de grandeur et enchaîne son essort, c'est la division des partis.

Depuis la révolution de 89 , le terrain politique en France est allé en se morcelant chaque jour davantage. La défaillance de la monarchie engendra l'opinion républicaine; les désordres de la période républicaine servirent de piédestal à l'empire ; la glorieuse épopée de l'empire amena la restauration du principe monarchique; ce principe lui-même se divisa par suite de la révolution de 1830 , pour s'écrouler en 1848 devant une ridicule querelle de prérogative , compliquée d'une question aujourd'hui bien peu importante de réforme électorale.

Ainsi, depuis 60 années nous avons vu le terrain politique se scinder en quatre grands partis principaux , les républicains , les impérialistes , les monarchiques légitimes , les monarchiques quasi-légitimes ; les uns s'appuyant sur l'esprit religieux , les autres sur les doctrines philosophiques du 18e siècle.

Des luttes ardentes qu'ils se sont livrées pour arriver à la possession du pouvoir , sont sorties les révolutions successives qui , de cascade en cascade , ont amené la société jusqu'aux confins de ces doctrines subversives qui menacent d'ébranler ses fondements ; et ce qui afflige le plus dans cette étude rétrospective , c'est le spectacle de l'aveuglement profond de ces partis, dont pas un n'a su pressentir le danger.

Il appartient aux hommes de la génération nouvelle , à ceux qui sont sans engagements avec le passé, sur qui repose en définitive le salut de l'avenir , de recueillir ces enseignements, non pas seulement pour pouvoir dire à chacun sa part de vérité , mais surtout pour apprendre à rejeter loin de leurs yeux ce bandeau de rancunes, qui a produit et menace de perpétuer la cécité des partis.

A cette cause première , bien difficile à combattre , se joint une cause secondaire qu'il importe d'autant plus de mettre en lumière, que c'est à celle-là surtout qu'il est donné aux hommes politiques d'appliquer un remède.

Avant la révolution de 89, le siége, ou plutôt le centre de cette unité, dont le laborieux enfantement s'accomplit en suivant les phases de notre histoire, était fixé à Versailles, depuis que Louis XIV, importuné par l'aspect de la nécropole royale de Saint-Denis, avait abandonné la résidence de Saint-Germain. Antérieurement à Louis XIV, le centre de cette unité se déplaçait selon les nécessités politiques, et suivait le souverain. Mais les événements du 5 et 6 octobre 1789, en transportant le siége du gouvernement de la ville royale dans la capitale de la révolution, eurent pour résultat d'assurer et de porter à ses dernières limites cette prépondérance de Paris sur les destinées de la France, qui avait été préparée de longue main par les événements, et qui depuis ce jour est demeurée décisive.

Sans remonter aux époques reculées de notre histoire, on peut signaler les accroissements successifs de cette prépondérance dans le cours des trois périodes d'agitation les plus rapprochées de nous, la Ligue, la Fronde, la révolution de 89.

Dans la troisième de ces périodes, la seule qu'il nous importe d'étudier ici, le Tiers-Etat, pour triompher plus aisément des résistances du pouvoir royal, le force à transporter sa résidence à Paris. Ainsi placé en face de la royauté désarmée, il a l'espoir de fonder une monarchie constitutionnelle; mais, dépassé bientôt par les factions qu'il avait déchaînées dans sa lutte, il prépare, sans s'en douter, l'avènement de cette assemblée souveraine dont le nom, après soixante années, possède encore le rare privilége de réveiller un sentiment universel d'effroi.

Certes, la Convention, dans son immense majorité, répondait mieux que ne le croit le sentiment public, à un besoin que la France avait alors, comme aujourd'hui, au besoin de l'ordre. Mais, placée au foyer même de l'anarchie, elle a produit le plus affligeant spectacle qu'il soit donné de contempler dans l'histoire, celui d'une grande nation, personnifiée dans une assemblée, qui cède tous les jours par peur à la pression démagogique, et applaudit en tremblant à la hache révolutionnaire qui, souvent, vient faucher dans son sein ses plus hautes têtes.

Depuis ce moment, la France n'est pas un seul instant en possession d'elle-même; elle semble avoir abdiqué en faveur de sa capitale; elle reçoit, sans les interroger, les révolutions qui lui sont envoyées toutes faites. Paris devient une arène où les factions se donnent périodiquement rendez-vous, pour y jouer de sanglantes parties dont la France est l'enjeu, certaines qu'elles sont, qu'elle doit demeurer la propriété du vainqueur.

Ce n'est qu'à partir de 1848, que la France réveillée enfin par le sentiment d'un danger extrême et fatiguée d'expériences, fait entendre sa voix souveraine. Les factions ont exigé l'éloignement des troupes de Paris, l'Assemblée nationale les rappelle. Elles lèvent l'étendard de la révolte, et de tous les points du territoire, les défenseurs de l'ordre accourent pour les combattre. Aux clameurs, qui de toutes parts s'élèvent contre ce que l'on appelle la tyrannie de Paris, il est aisé de comprendre que la France est lasse, qu'elle se croit à bout de voies, et qu'un nouveau triomphe des factions sur le pavé de Paris, serait le signal des plus affreuses catastrophes.

Examinons donc, la chose en vaut la peine, si cet état est bon ou mauvais, s'il faut s'en applaudir ou s'en plaindre, s'il faut ou non y apporter un remède.

Nous l'avons établi précédemment, le terrain politique est fractionné chez nous plus que dans aucun autre pays du monde, et il faudrait se reporter jusques au bas-empire romain, pour rencontrer une période historique qui sous ce rapport puisse être comparée à la nôtre. Telle est à nos yeux la cause première de nos révolutions, de notre faiblesse. Et comme si ce n'était pas assez de cet antagonisme sur le terrain politique, voilà que sur le terrain social lui-même apparaît un nouveau champion, qui sous le nom de socialisme, déclare une guerre à mort à toutes les institutions. A peine a-t-il conquis droit de cité, qu'il descend dans la rue et marche à l'assaut de la société. Menacés d'une ruine commune, tous les partis politiques se groupent pour la résistance, et versent en commun leur sang pour le soutien de l'ordre social menacé.

Vaincu, mais non découragé, cet élément nouveau, s'assouplit alors au jeu des institutions, pour mieux disposer ses attaques. Servant d'appoint aux minorités mécontentes, on le voit tendre la main aux hommes qui, en juin, l'ont si rigoureusement châtié. Il s'étudie à réveiller les vieilles rivalités des partis un moment endormies, mais non détruites, par la fraternité du danger ; il perpétue les agitations sans lesquelles il ne pourrait plus spéculer sur la misère. Par ses menaces, il paralyse l'essort de la confiance, et surexcite la colère et la haine, afin de les entretenir toujours prêtes à éclater dans le sein de la société.

L'intervention de ce nouvel antagoniste donne à la période historique qui s'accomplit sous nos yeux, une physionomie et un caractère exceptionnels qui la distinguent de toutes celles qui l'ont précédée. Après avoir grondé sourdement dans les profondeurs de l'ordre social, il apparaît tout-à-coup à sa surface, jetant un défi à tous les pouvoirs, englobant dans un commun anathème tous les drapeaux, tous les partis, toutes les institutions, toutes les religions, décidé à ne déposer les armes que lorsque la civilisation se sera écroulée sous ses coups.

Vainement dira-t-on que les utopies fallacieuses de tous ces prétendus régénérateurs, sont frappées d'impuissance par leur absurdité même, qu'elles ne sauraient trouver créance dans les populations qu'elles sont destinées à abuser, et qui par leur bon sens en feront justice. Vainement, objectera-t-on que tous les partis politiques intéressés à étayer l'ordre social, ne se désuniront jamais en face de l'ennemi commun.

Confiance fatale, qui repose sur trois erreurs, que nous allons essayer de signaler.

Il faut bien se garder de voir l'homme tel que l'on voudrait qu'il fût. On doit le considérer tel qu'il est, avec ses passions, ses faiblesses, son imprévoyance ; non pas pour le mépriser et le maudire, à la façon de ces esprits forts prétendus qui se drapant dans leur égoïsme, ne savent voir de l'humanité, que les souillures, et n'ont pas l'intelligence de sa véritable grandeur, ce serait une impiété, car l'homme est l'œuvre de Dieu, et à ce titre mérite notre amour et notre respect ; mais pour pressentir l'avenir, dont le germe se trouve dans l'assemblage providentiel de ses imperfections et de ses vertus.

Eh bien ! nous nous adresserons à tous ceux pour qui la méditation et l'étude ont révélé ces conditions vitales de la société. Nous les prierons de se dépouiller par la pensée, de tout ce que leur a enseigné l'observation des phases sociales qui ont précédé notre époque, et les plaçant un moment dans la position d'un de ces ouvriers ignorants, mais honnêtes, qui gagnent péniblement leur pain de chaque jour et celui de leurs enfants à la sueur de leur front, ou bien dans la situation de l'un de ces artisans amoncelés au sein des grandes villes qui n'aperçoivent la société que dans un mirage trompeur ; nous leur demanderons s'ils se sentiraient la raison assez pénétrante et le cœur assez ferme, pour affirmer, qu'ainsi placés, ils repousseraient avec une énergie inébranlable, les voix tentatrices qui viendraient les convier à la ruine d'un ordre social inique, sous les apparences de la justice et de la fraternité.

Cette expérience, nous l'avons tentée maintes fois sur nous même, et chaque fois, nous l'avouons, elle nous a révélé l'infirmité de notre raison et de notre cœur.

Oui, c'est trop préjuger du bon sens des masses ignorantes, que de croire qu'elles puissent aussi aisément séparer l'erreur de la vérité, découvrir le mensonge sous la flatterie, et faire justice de doctrines qui caressent leurs passions, et exploitent leurs souffrances, quelque perverses, quelque absurdes, quelque contraires qu'elles soient à leurs véritables intérêts. — Première erreur.

C'est aussi bien mal connaître le cœur de l'homme que de croire que les partis politiques demeureront toujours unis et pénétrés du danger que court la société. Le bruit du canon des combats de juin retentit encore à leurs oreilles, et déjà des germes de désunion se sont manifestés. Ceux d'entre les républicains de la veille qui, possesseurs du pouvoir à cette époque, ont défendu l'ordre par les moyens les plus énergiques, dépossédés aujourd'hui, oublient au nom de quel danger ils ont appelé et groupé autour d'eux tous les républicains du lendemain, et s'appuient, pour combattre ces derniers, sur les éléments de destruction qu'ils ont comprimés, il y a quelques mois, par l'état de siége et la mitraille. S'il fallait les en croire, nous serions chaque jour à la veille d'un coup d'Etat qui menacerait la forme républicaine. Ce coup d'Etat lui-même, s'il s'accomplissait, ne serait qu'une occasion nouvelle de désunion parmi les républicains du lendemain.

Ainsi, plus nous nous éloignons du danger, plus les anciens partis un moment ralliés, mais non réconciliés, tendent à se reformer, et se préparent fatalement à un nouvel antagonisme.

Et en admettant même que cet antagonisme n'éclate pas sous peu violent et passionné, contenu qu'il sera dans une prudente réserve, par les menaces des socialistes ; en admettant qu'il couve sourdement pendant une période plus ou moins longue, 10 ou 15 ans par exemple, serait-il raisonnable d'espérer qu'il ne surviendra jamais entre eux quelques-uns de ces malentendus funestes, que la malveillance est si habile à exploiter, et qui aveuglent les plus clairvoyants? D'ailleurs, s'il est incontestable qu'il existe dans chaque génération quelques hommes d'élite qui s'instruisent par l'expérience des générations précédentes, il est également vrai que chaque génération, prise dans son ensemble, ne s'instruit que par sa propre expérience. Or, la partie active de la génération actuelle, dans 15 ans, sera déjà presque sous la remise; elle sera remplacée par une génération nouvelle, dont les membres les plus âgés seuls auront le souvenir du danger que la société aura couru en 1848. Ignorante de ce danger, elle se livrera avec imprévoyance à ces luttes qui sont la condition et l'essence même des gouvernements représentatifs, et à la faveur desquelles le socialisme, toujours prêt, passera sur la tête des républicains de la veille et des républicains du lendemain, comme la République de 1848 a passé sur la tête des dynastiques et des conservateurs. — Telle est la seconde erreur.

Enfin, et c'est ici que nous touchons au nœud de la question, si, ce que nous voulons espérer, les doctrines socialistes demeurent frappées de discrédit, et ne doivent accomplir dans la masse de la nation qu'un insignifiant prosélytisme, ce serait étrangement s'abuser que d'espérer qu'il en sera ainsi à Paris, où elles ont concentré tous leurs moyens de propagande et d'action. Il faudrait être bien ignorant de notre histoire, pour ne pas savoir qu'il a existé de tout temps à Paris un nombre considérable d'hommes aventureux, impatients de toute autorité, qui naissent, grandissent, vivent et meurent avec la haine de tout pouvoir, quel qu'il soit, milice toujours prête à se mettre au service de tous les ambitieux qui la flattent, pour se faire un marchepied des cadavres de leurs semblables. Plus nombreuse qu'elle ne l'a jamais été, combien ne serait-elle pas plus ardente et plus dangereuse aujourd'hui, que l'on a fait briller à ses yeux l'espérance d'assouvir toutes ses passions. Pour se faire une idée de l'espace qu'elle est susceptible de parcourir, et de la mobilité de ses instincts, il suffira de se rappeler que le 24 février elle fusillait elle-même les voleurs, et que le 24 juin elle tentait de procéder par l'incendie, le meutre et le pillage.

Ainsi le société ne serait pas affranchie de tout danger, par cela seul que les passions perverses ne se propageraient que médiocrement dans la masse de la nation. Si ces passions ont à Paris une armée à leur service, elle demeure incessamment menacée, et à la merci d'une imprévoyance, d'un malentendu politique ou d'une défaillance du pouvoir. — Troisième erreur.

Or, si l'une de ces éventualités qu'il faut prévoir, par ce qu'elles ne sont que trop probables, venait à se réaliser, il n'en serait plus alors comme dans les révolutions précédentes qui amenaient le triomphe alternatif des partis politiques; ce serait pour l'ordre social lui-même une question de vie ou de mort.

Des symptômes significatifs apparaissent de tous les points de l'horizon. Aux déclamations furibondes de la Presse démagogique, répondent les protestations énergiques et unanimes des conseils-généraux, et les récriminations de la Presse des départements. Ces symptômes prouvent à n'en pouvoir douter, que ces éventualités deviendraient le signal d'une guerre sociale effroyable. L'issue de cette guerre ne saurait être douteuse à nos yeux, parce que l'étude de l'histoire nous a enseigné que les sociétés cherchent un refuge contre l'anarchie dans les bras du despotisme. Mais quelle serait sa durée, et combien n'enfanterait-elle pas de malheurs? Qui pourrait envisager sans effroi ses terribles alternatives? ou la France subirait le joug de l'anarchie, ou par une réaction dont il n'est donné à personne d'apprécier l'énergie et de mesurer les conséquences, elle se précipiterait armée sur ce foyer des idées démagogiques, pour l'anéantir et l'éteindre. D'un côté, l'unité dans *l'anarchie et la misère* ; de l'autre, la désorganisation et le fédéralisme. Dans l'un et l'autre cas, sa déchéance morale dans le monde, peut-être la perte de sa nationalité.

Ces perspectives funestes qui frappent aujourd'hui tous les yeux clairvoyants, il faut que les hommes politiques s'étudient à les rendre impossibles. Le premier, le plus pressant besoin c'est de mettre la société, non seulement dans le présent mais dans l'avenir, à l'abri de ces surprises que ne favorisent que trop l'ardeur et l'imprévoyance du caractère national, la division des partis et notre organisation politique.

Cette tâche que l'Assemblée nationale laisse entière, est ardue, mais patriotique ; il faut se hâter de l'entreprendre sous peine de mort. S'il nous était donné de peser de quelque poids dans les déterminations des électeurs du département de l'Oise, nous demanderions que leurs suffrages ne fussent acquis qu'à ceux d'entre les candidats qui, dans les circulaires, ou devant les comités électoraux, auraient abordé ces questions et pris l'engagement formel d'inaugurer l'accomplissement de leur mandat législatif, en proposant des mesures propres à sauvegarder à la fois le présent et l'avenir de la société, *to be or to not be*. Telle est pour nous la question.

DEUXIÈME PARTIE.

§ 1er. Énoncé du problème à résoudre.

Dépourvus de tout intérêt personnel dans cette question, nous pourrions nous borner à appeler la plus sérieuse attention des électeurs, en leur signalant la gravité de la situation présente ; mais notre pensée, nos tendances seraient mal interprétées, peut-être, si nous n'essayons d'indiquer quels sont, d'après nous, les moyens d'y porter remède.

Si nous sommes dans le vrai, l'énoncé du problème de la situatoin présente peut se formuler de la manière suivante :

« *Enlever à l'anarchie sa raison d'être, par des institutions qui in-*
» *téressent les classes souffrantes à la conservation de l'ordre social,*
» *d'une part ; de l'autre, la décourager et la rendre impossible par une*
» *défensive sociale vigoureusement organisée et mise énergiquement en*
» *action.* »

POINT DE VUE SOCIAL.

Tout en reconnaissant avec douleur que l'Assemblée nationale, sous la pression de circonstances impérieuses, a été forcée de laisser à l'Assemblée législative le soin tardif d'élaborer le problème du paupérisme, il y aurait injustice à ne pas reconnaître qu'elle a déposé dans la Constitution de 1848 les principes généraux desquels doit découler sa solution.

Repoussant avec énergie les doctrines insensées du socialisme, et brisant sans retour avec la science du *laisser-faire, laisser-passer,* elle a reconnu que la société a des devoirs à remplir envers les classes pauvres et laborieuses.

Mais ce serait mal comprendre ces devoirs, que de les interpréter seulement comme une conséquence morale du troisième terme de la devise républicaine : *Liberté, Egalité, Fraternité.*

En effet, trente-cinq années de paix avec l'étranger ont non-seulement comblé les vides qu'avaient produits dans la nation française trente années de guerre européenne, mais l'ont multipliée dans une progression par laquelle toutes les prévisions ont été dépassées. Dans cette progression, la misère a pris une large part, la plus large peut-être. Soumise sans contrepoids à l'action de prédications subversives, elle peut entraîner la société dans l'abîme de l'anarchie.

Ce n'est donc pas seulement pour obéir aux aspirations d'une philanthropie éclairée ou sentimentale, d'une charité prévoyante ou rêveuse, qu'il faut exciter la société à l'amélioration du sort du grand nombre ; le moment est venu où il faut essayer de sortir des nuages de la théorie pour aborder la pratique. Qu'on l'accepte de bonne grâce ou à contre-cœur, la nécessité est là, pressante, qui ne laisse aucune issue pour le retour. Sous peine de naufrage, la société doit jeter au plus tôt son ancre de salut dans les régions du travail et de la pauvreté, et, en les maintenant honnêtes et laborieuses, en faire un des éléments principaux de sa richesse et de sa consolidation.

Le choix n'est plus possible. L'aveugle doctrine de l'individualisme ne servirait qu'à précipiter les catastrophes. Il faut marcher, il faut agir. Armée du suffrage universel, la pauvreté est devenue en quelque sorte l'arbitre des destinées du pays. On ne saurait se dispenser de compter avec elle. Une épidémie morale la menace, il faut essayer de la préserver. La mitraille serait impuissante contre les passions perverses que l'on cherche à exciter en elle. A ces passions il faut un remède à la fois politique et moral. Que la vérité se lève donc hardiment en face du mensonge, que la charité sociale s'efforce de neutraliser la haine.

Il serait téméraire, dans un écrit qui n'a d'autre but et ne doit avoir d'autre portée que le but et la portée d'un simple exposé de la situation, d'aborder et de discuter les moyens pratiques par lesquels on peut arriver à ce résultat si désirable. Ces moyens sont multiples. Ils demanderaient chacun un examen approfondi qui dépasserait de beaucoup les bornes que nous devons nous assigner ; qu'il nous suffise de dire qu'aucun ne doit être dédaigné.

Encouragements légaux aux essais d'association entre ouvriers, ne fût-ce que pour expérimenter la valeur de ce mode, qui ne nous apparaît applicable que dans certaines circonstances exceptionnelles ; institutions de prévoyance qui suppléent à l'imprévoyance native et souvent forcée du travailleur chargé de famille, et lui préparent, au déclin d'une vie de labeur et de probité, qui trop souvent, aujourd'hui, n'est récompensée que par la misère, une situation de repos et de bien-être qui soit la conséquence de sa probité, de ses labeurs ; délégation aux élus du suffrage universel, du droit et du devoir de veiller avec une perpétuelle attention sur les intérêts des travailleurs, soit par l'extension des attributions municipales, soit par la création de comités cantonnaux correspondant entre eux, se groupant au centre de chaque département, recueillant tous les renseignements que l'ouvrier sans ouvrage ne peut acquérir que par des déplacements toujours onéreux et souvent inutiles ; recherchant pour lui le travail ou se chargeant de le lui offrir ; étendant enfin sur tous les points du sol le réseau de la sollicitude sociale, et favorisant ainsi, par une accession constante au travail, le mouvement d'ascension vers la propriété, qui en deviendrait la conséquence nécessaire ; allégement des charges que la vie civile fait si lourdement peser sur le pauvre, lois régulatrices et tutélaires du mouvement industriel, dont l'exubérance désordonnée a créé ces concurrences fatales qui, en agglomérant sur quelques points donnés du territoire des masses ouvrières qu'elle détourne de la vie morale et bien plus heureuse des champs, les expose sans appui à tous les dangers des chômages, à toutes les séductions de la débauche, à toutes les perspectives fallacieuses que les ambitions déçues ou remuantes font incessamment briller à leurs yeux ; diminution des frais de procédure ; encouragements à l'agriculture ; excitations à la colonisation de ces vastes domaines que la France possède en face de ses rivages, et que la Providence semble avoir placés en son pouvoir comme un des plus puissants moyens de surmonter les difficultés de la situation présente, et qui lui permettront de transformer en pionniers de la civilisation des hommes qui menacent de devenir les champions de la barbarie ;

diffusion de l'instruction religieuse et morale, etc., etc., etc. Que tous ces moyens soient étudiés, approfondis avec la volonté ferme de vaincre les difficultés et non de les grandir. Surtout, par dessus tout, que l'on imprime à l'activité intellectuelle et morale des classes qui possèdent une impulsion vigoureuse vers l'amélioration progressive des conditions de la vie des classes qui souffrent, et que chaque membre du corps social apprenne enfin qu'il doit virilement remplir ses fonctions.

Toutefois, en cette matière plus qu'en tout autre peut-être, il faut bien se garder de cette impatience des résultats, naturelle à notre caractère national, si prompt à se décourager devant les obstacles. A toutes les propositions, à toutes les idées nouvelles qui surgissent, on a coutume de faire la réponse suivante : « *Oui, nous voyons le mal, mais vous ne nous indiquez pas le remède qui doit le supprimer.*

Réponse inconséquente, selon nous, qui trahit un manque absolu de réflexion, et que l'on ne ferait pas si l'on prenait la peine d'étudier le mal dans sa portée, dans sa nature, dans ses origines. Est-ce donc que son caractère serait celui d'une de ces épidémies passagères qu'une année voit éclore et que l'année suivante voit disparaître ? Il n'en est pas ainsi. L'humanité, dans ses mouvements révolutionnaires, ne procède jamais avec une telle brusquerie, et pour qu'une maladie spéciale puisse acquérir un tel degré d'intensité, il faut que ses germes soient demeurés longtemps méconnus ; il faut que l'origine de sa période d'incubation soit ancienne. Pour une pareille maladie on ne saurait trouver un de ces remèdes héroïques qui le suppriment, pareil à l'eau pour le feu, à l'amputation pour un membre gangréné. Sa guérison ne peut être tentée que par l'application d'une prévoyante et persévérante hygiène.

Qui ne sait, en effet, que dans le moyen-âge, des populations entières étaient exposées à mourir de faim et de misère, sous l'action de la plus petite disette ou de la plus simple épidémie locales ? Qui ne sait que sous Louis XIV lui-même, alors que l'unité nationale était fondée, la population laborieuse (les mémoires du célèbre Vauban en font foi), trouvait à peine sur le sol français un abri imparfait et une nourriture insuffisante ? Sous tous ces rapports, la condition générale de la vie des travailleurs s'est immensément améliorée, grâce aux efforts combinés de l'agriculture — qui a multiplié les produits du sol, de l'économie politique — qui a créé les moyens de neutraliser les disettes, en dé versant chez les populations qu'elles frappent le trop-plein de populations plus favorisées, de la médecine — qui a appris à connaître et à combattre les épidémies, de l'industrie et de la science — qui ont produit des logements et des vêtements plus sains et moins chers.

D'où vient donc, dira-t-on, que leurs plaintes éclatent aujourd'hui avec tant de force, lorsqu'elles ne se produisaient même pas, alors qu'elles eussent été plus légitimes? La réponse à cette question est dans l'étude et la saine appréciation des faits antérieurs.

Dans les luttes contre le pouvoir féodal pour arriver à l'émancipation des communes, lutte mémorable dont les premiers exemples remontent à une époque déjà bien éloignée de nous (Le Mans, 1070, Cambrai, 1064, Laon, 1106), la bourgeoisie prend pour auxiliaire le peuple. C'est encore sur le peuple que s'appuient tour-à-tour la royauté contre les grands seigneurs, les parlements et la bourgeoisie contre la royauté. Enfin, dans la période révolutionnaire du dernier siècle, la bourgeoisie est entraînée à prendre son point d'appui sur le déchaînement de l'élément populaire. De toutes les transformations qu'enfantent ces luttes, cet élément acquiert toujours quelque chose, en faisant payer aux éléments supérieurs dont il seconde les efforts, les services qu'il leur rend. L'affranchissement des communes prépare l'affranchissement des serfs des campagnes; l'avènement de la bourgeoisie a pour conséquence l'abolition des droits féodaux; la représentation constitutionnelle amène progressivement la représentation populaire; l'égalité des droits civils, engendre l'égalité des droits politiques.

Ces faits successifs et qui s'enchaînent, en produisent d'autres qui viennent se placer parallèlement à eux pour les féconder. L'unité de la monarchie se fonde et fait peu à peu disparaître ces guerres intestines, effroyables, qui décimaient incessamment les populations. Les machines de destruction se perfectionnent et rendent les guerres plus courtes et moins meurtrières. Avec l'adoucissement des mœurs diminuent le nombre des actes de violence, les duels et les assassinats. Sous l'influence de l'hygiène publique mieux comprise, la durée moyenne de la vie dans les classes pauvres, d'ailleurs si prolifiques, se prolonge, au point que le chiffre des naissances tend chaque jour à dépasser davantage celui des décès. Ainsi chaque progrès complique et aggrave le problème si redoutable de l'équilibre de la population.

Enfin la marche ascendante des arts, du luxe, des sciences, du commerce, crée des besoins nouveaux. Pour les satisfaire, des centres industriels se fondent, qui se développent en raison du développement des relations commerciales, et deviennent, selon les alternatives, des ateliers de richesse ou des foyers de révolutions; les moyens de communication s'améliorent et mettent en contact perpétuel des populations, qui dans les siècles passés fussent demeurées totalement étrangères; la liberté de la presse offre un accès facile et journalier à toutes les plaintes qui, par son intermédiaire, vont réveiller des échos sur tous les points et dans tous les cœurs.

C'est par ces voies diverses que les classes inférieures acquièrent simultanément, 1º la conscience de leurs droits, 2º le nombre qui donne à ces droits une véritable importance, 3º la cohésion qui donne au nombre sa force.

Ce n'est donc pas parce que les souffrances du pauvre sont devenues plus cuisantes, que le problème du paupérisme a surgi tout-à-coup parmi nous, avec de si effrayantes proportions; bien loin de là. C'est parce qu'il se confond avec le problème de l'équilibre des populations; c'est parce que les doctrines économiques fondées exclusivement sur l'individualisme les ont méconnus, niés en quelque sorte systématiquement l'un et l'autre. Les causes qui l'ont produit, sont anciennes, complexes, diverses; elles se lient, par un enchaînement qu'une observation attentive révèle, à tous les évènements de notre histoire, à tous les progrès scientifiques, moraux, intellectuels, sociaux, politiques, accomplis jusqu'à ce jour par les éléments supérieurs, auxquels l'élément populaire avait servi d'auxiliaire et d'arrière-plan. Sous ce rapport, il s'accomplit aujourd'hui devant nous de la part du peuple à la bourgeoisie, quelque chose d'analogue avec ce qui s'est passé autrefois, de la part des communes à leurs seigneurs, et plus récemment de la part de la bourgeoisie, aux classes privilégiées et à la royauté. Plus les communes sont devenues riches et populeuses, plus elles sont devenues exigeantes; plus la bourgeoisie est devenue nombreuse, éclairée, plus elle a porté haut ses prétentions d'ailleurs légitimes; plus les classes laborieuses s'éloignent de cet état de promiscuité et de misère où les plongeait l'esclavage, plus les échelons supérieurs s'abaissent vers elles, plus l'on s'est efforcé d'élever leur niveau intellectuel et moral par l'éducation primaire, par les réglements répressifs de la mendicité et autres, plus leur nombre s'accroît, plus la liberté de la presse et la facilité des communications leur donnent de cohésion, et plus à leur tour elles doivent être excitées à réclamer une part meilleure dans le bien-être social. Il y a dans ces résultats une filiation incontestable et nécessaire.

Un fait pareil, aussi profondément enraciné dans les entrailles du corps social, que l'adoucissement des mœurs politiques et privées, que les progrès des lois, des sciences, des arts, de la guerre même ont produit et tendent à perpétuer en l'agrandissant, n'est pas de ceux que l'on puisse suprimer et faire disparaître sous l'influence d'un remède quelconque. Le tenter, ce serait imiter en sens inverse l'aveuglement du socialisme, qui procédant par la négation absolue du passé, du présent, de l'histoire des mœurs, des intérêts généraux et particuliers, des passions de l'homme, de toute vérité acquise par l'expérience des siècles, veut renverser une société fondée par quatorze siècles de transformations successives, et la remplacer du jour au lendemain, par des systèmes imaginés *à priori* par des rêveurs. Comme si le présent pouvait se dégager des étreintes du passé, comme si l'avenir pouvait jeter les bases de son édifice ailleurs que dans le présent, comme si l'histoire de l'humanité ne constatait pas qu'il existe entre les générations qui se suivent une solidarité intime, qui n'est rien autre chose que la vie même de l'humanité !

Loin donc de dépenser nos forces et nos méditations à la recherche d'un remède radical, pour un fait qui échappe à notre action, et qui dépasse les limites de notre puissance, sachons l'accepter cordialement comme une conséquence des faits antérieurs, comme un effet successif et fatal de l'expansion de l'ordre social : à ce titre, employons nos efforts à le régler, à l'empêcher de dégénérer en violence. A l'esprit de système qui égare parce qu'il nie tout ce qui lui fait obstacle, substituons la prévoyance qui dirige, et d'un élément perturbateur parce qu'il tend à déborder, essayons de composer un élément fécondateur en lui préparant la place où il devra déposer son limon.

Pour atteindre ce résultat, le seul qu'il nous paraisse juste et raisonnable de poursuivre, deux conditions nous semblent indispensables ; la première nous l'avons indiquée : c'est une attention soutenue, inébranlable , à l'amélioration du sort des classes laborieuses ; la seconde une meilleure assiette de l'ordre politique.

C'est ici le lieu d'aborder cette face de la question.

POINT DE VUE POLITIQUE.

Ce ne serait pas assez d'avoir enlevé à l'anarchie sa raison d'être, en la combattant dans les cœurs même qu'elle cherche à pervertir, si on lui laisse un champ de bataille favorable, où en concentrant les moyens d'attaque qu'elle possède, elle puisse tenir sans cesse la société en échec. Il faut la décourager en rendant impossible ces surprises qu'elle est toujours prête à tenter ; il faut détruire cette confiance dans les coups de main, que ne justifient que trop l'expérience des révolutions passées.

L'ordre politique d'une nation est comme l'édifice à l'abri duquel l'ordre social tour à tour sollicité par les éléments du progrès et de résistance qu'il renferme, doit accomplir les transformations et les améliorations successives , qui sont la loi de l'humanité.

Pour que ces transformations, accomplies avec maturité, puissent revêtir le caractère d'améliorations durables et vraiment utiles, il importe que la base de cet édifice soit assez large à la fois, pour offrir une place où puisse germer toute idée généreuse et féconde, et pour le garantir des oscillations que les factions demeurent incessamment préparées à lui imprimer.

Il semble que le suffrage universel une fois proclamé et accepté, expression des voix, des tendances de la nation tout entière, doive renfermer cette double condition de stabilité et de progrès. Toutefois, pour qu'il en fut ainsi, le respect du droit serait la condition indispensable. Or ce respect n'existe pas. Est-il besoin de rappeler les menaces proférées contre l'Assemblée nationale , alors qu'elle n'était pas encore élue? Est-il besoin de retracer les épisodes de mai et de juin? Est-il besoin de démontrer qu'il existe des doctrines qui ne reconnaissent d'autre point de départ que la violence? Est-il besoin enfin de répéter ce que tout le monde sait, que l'expression elle-même du suffrage universel ne sera jamais l'objet du respect des factions agglomérées à Paris, et qu'elle ne sera efficacement préservée de leurs atteintes que par un rempart de baïonnettes.

De là ce manque de sécurité qui paralyse le crédit et l'échange ; de là cet effort continuel de la société qui se traduit en une armée concentrée sous Paris, dont les qualités belliqueuses et le patriotisme sont détournés de leur véritable destination. De là ce surcroit de sacrifices que la France devrait réserver pour les jours prochains, peut-être, où elle pourrait avoir à défendre son honneur, à repousser l'ennemi de ses frontières, à maintenir sa part de légitime influence dans le monde, et qui employés à contenir les factions, lui enlèvent sa liberté d'action, grèvent son budget, et la mènent à la banqueroute.

Qu'on nous pardonne une supposition triviale, qui mette en relief notre pensée. Qu'une famille construise pour s'abriter une maison de forme pyramidale : au lieu de l'asseoir sur sa base, qu'elle la fasse reposer sur le sommet. Si le temps est serein, l'équilibre de l'édifice se maintient artificiellement ; mais au premier vent qui le frappe, d'un point quelconque de l'horizon, les oscillations qu'il éprouve, jettent le trouble et la confusion dans la famille qui l'habite, et si le vent se change en tempête, la famille entière est forcée de sortir et d'employer toutes ses forces à l'étayer pour le préserver d'une chute, qui engloutirait tous ses biens, en l'écrasant.

Pendant ce temps, la famille voisine, abritée par un édifice mieux assis, laisse tranquillement passer la tempête, et si elle est déshonnête ou tentée par l'ambition, elle vient attaquer la première en disposant contre elle de toutes ses forces que ne sollicite chez elle aucun autre soin.

Ainsi de la France aujourd'hui.

Ce vice qui tient à l'excès de la centralisation, à l'inféodation du siége du pouvoir à un point fixe du territoire, appelle les sérieuses méditations des hommes d'état. Si l'on écoute les rumeurs qui s'élèvent du monde politique, de la presse départementale et des conseils généraux, on reconnaîtra que deux moyens curatifs sont en présence et se disputent les opinions : 1° la décentralisation ; 2° le déplacement du centre du gouvernement.

Il est impossible de méconnaître que les meilleures institutions ne portent en elles des germes d'imperfection, comme toute chose en ce monde. Ces imperfections se manifestent avec d'autant plus d'éclat, et se transforment d'autant plus aisément en excès, que ces institutions deviennent plus systématiques. Il y a, nous le croyons, beaucoup à faire pour dépouiller la centralisation de ce qui, en elle, est excessif, et tient à sa nature, car elle est l'œuvre, il ne faut pas le méconnaître, du despotisme monarchique, perfectionnée par le despotisme républicain de la terreur et par le despotisme impérial. Toutefois, la décentralisation, ainsi que nous paraissent la comprendre certains hommes, se présente à nous comme un principe de désorganisation, comme un acheminement au fédéralisme, comme une atteinte portée à cette unité française, ouvrage de douze siècles, et qu'il ne s'agit pas de détruire, mais de préserver de ses excès.

D'autres hommes, unitaires avant tout, proposent de transporter le siége du gouvernement hors de Paris. A l'appui de leur opinion, ils citent l'exemple de Louis XIV dans notre histoire, celui de l'Autriche et de la Prusse de nos jours. Le grand ressort du Gouvernement, disent-ils, ne doit pas, ne peut pas impunément demeurer exposé à des attaques incessantes, sans être menacé de casser ou tout au moins de faiblir quelque jour. Or, qui ne sait le discrédit immense qui frappe aujourd'hui tout gouvernement qui succombe ou qui faiblit, à Paris même, devant une minorité. Tout échec qu'il subit jette fatalement la France dans un complet désarroi. Le Gouvernement, l'Assemblée, sont la personnification de la société. Pourquoi donc se poserait-elle et demeurerait-elle bénévolement en face d'un si grand péril? Ce que le pouvoir royal a fait autrefois, et fait encore de nos jours, pourquoi la société ne le ferait-elle pas? Est-ce donc que la conservation de l'ordre social est moins précieuse et demande moins de sollicitude que la conservation d'une dynastie ou d'une monarchie? D'ailleurs ce que nous proposons l'Assemblée nationale a été sur le point de le faire en juin, si les péripéties de la lutte avaient tourné contre elle. Ce qu'elle n'a pas fait, une autre sera forcée quelque jour de le faire à moins qu'elle ne succombe, et alors, rien ne pourra modérer l'élan des forces sociales contre Paris. Vous aurez ainsi aveuglément préparé, sinon l'avènement de l'anarchie, au moins celui du fédéralisme et la désorganisation politique de la France. Faites donc aujourd'hui sans secousses, sans réaction, uniquement comme l'expression de la volonté sociale, prévoyante, réfléchie, ce que vous serez forcés de faire un jour après des luttes effroyables, en passant peut-être sur les ruines de votre capitale. Vous sauverez ainsi à la fois Paris, l'ordre social et l'unité.

Ces arguments sont pleins de force, il faut les examiner.

Si Paris est le rendez-vous de toutes les ambitions déçues et remuantes, de toutes les passions perverses, il est aussi le point central autour duquel gravitent, non-seulement en France, mais dans l'Europe entière, toutes les supériorités scientifiques, littéraires, artistiques, politiques, le point du monde auquel viennent se grouper, pour y recevoir leur dernière et indispensable consécration, toutes les conquêtes intellectuelles. L'artiste qui a parcouru l'Europe au milieu des ovations, ne croit sa réputation à l'abri de toute critique, que du jour où Paris a mis par ses suffrages le sceau à sa réputation. Le savant le plus illustre de l'Europe (nous pourrions de nos jours citer M. de Humbold, en Prusse), doit souvent la grandeur de son nom, plus encore à l'auréole dont la France l'entoure, qu'aux acclamations de ses compatriotes. Le grand seigneur, le touriste, l'homme de loisir, l'homme d'intelligence, le fils de famille qui accomplit son éducation par des voyages, le jeune homme qui croit porter en lui le germe d'un brillant avenir, tous à l'envi convergent vers ce sanctuaire des arts, des sciences, des plaisirs, des idées. C'est de ce lieu consacré par les hommages du monde, que le génie français éclate et rayonne, c'est le point de départ de cet ascendant irrésistible, de cette initiative puissante, qui forment le plus précieux de ses priviléges.

Ainsi qu'Athènes dans le monde de l'antiquité, Paris est de nos jours le sommet intellectuel, et comme la tête de l'humanité.

Amoindrir Paris nous paraît donc une atteinte portée à la suprématie nationale, et ce remède radical, mais extrême, ne doit être appliqué que le jour où le salut social en ferait une loi impérieuse.

La société n'en est pas encore là, Dieu merci, et nous espérons démontrer qu'il n'est pas impossible de neutraliser les éléments de désordre et de destruction, sans avoir recours à ce que nous considérerions pour notre part comme une espèce de décapitation de la France.

L'effet le plus funeste de la centralisation, telle qu'elle existe aujourd'hui, c'est la destruction, l'anéantissement de l'action politique parmi nous. Étendant partout et sur tous une tutelle minutieuse, elle est parvenue à passer un niveau uniforme sur toutes les individualités, à enchaîner leur initiative, à paralyser leur énergie. De là, une sorte de torpeur générale, dont s'affranchissent seuls les hommes qui parviennent à dépasser le seuil de nos assemblées législatives, parce que leur mandat les appelle à figurer sur le seul point du territoire où la vie politique existe dans sa plénitude. En dehors de ce théâtre, restreint à un espace de quelques lieues et à une population de un million d'âmes, chacun, la loi le veut ainsi, doit avoir la conscience de l'inutilité de ses efforts, et attendre avec résignation l'issue des luttes qui sont engagées au-dessus de lui, auxquelles il lui est interdit de participer.

La loi, en enfantant cette somnolence universelle, au point de vue politique, partout ailleurs qu'à Paris, a été, nous devons le reconnaitre aujourd'hui, plus imprévoyante que sage. Pour qu'un ordre politique ainsi établi soit un abri solide pour la société, une condition est indispensable, c'est qu'il soit toujours prévoyant, intelligent et fort.

Or, qui oserait affirmer, après ces années d'expérience, que nous puissions jamais arriver à l'enfantement d'un pouvoir qui remplisse toujours cette triple condition? Tous ceux qui se sont succédé durant cette période, croyant à leur perpétuité, ont resserré outre mesure le ressort de la centralisation, et comme tout édifice doit tôt ou tard tomber du côté où il penche, tous ont péri successivement dans la nation, du jour où ils succombaient au siége de cette centralisation même.

Qu'on veuille bien le remarquer, la Providence a multiplié les exemples en les variant. Il semble qu'elle ait voulu démontrer combien les pouvoirs ainsi constitués étaient fragiles, non-seulement en face des ennemis intérieurs, mais encore des ennemis extérieurs. Les invasions de 1814 et 1815 méritent d'être méditées à ce point de vue. Qui ne sait que Napoléon, à la tête d'une armée de 80,000 soldats, les meilleures troupes du monde, lui qui, la veille encore, ne désespérait pas de la fortune, se jugea impuissant et abdiqua du jour où les cohortes étrangères eurent franchi les portes de la capitale.

Eh bien! si, d'une part, une longue expérience démontre qu'aucun pouvoir politique, quelque forme qu'il revête, de quelque principe qu'il découle, ne saurait remplir d'une manière permanente les conditions indispensables à sa stabilité; si, de l'autre, il est manifeste qu'une défaillance du pouvoir ouvrirait la porte à l'anarchie, on sera forcément amené à reconnaître la fragilité de l'édifice qui garantit l'ordre social et la nécessité de l'étayer.

Il faut donc se hâter de restaurer par la loi le ressort politique que la loi semble avoir eu pour but d'énerver. Il faut remettre la société en possession d'elle-même, il faut enfin non pas renverser la centralisation, mais, à une centralisation tyrannique et abusive, parce qu'elle est faible et mal assise, substituer une centralisation puissante et féconde, parce qu'elle sera forte du jour où elle appuiera ses fondements sur le pays tout entier.

Ainsi posée dans ses véritables termes, la question ne nous paraît pas insoluble. Par l'examen de ce qui est, on doit arriver naturellement à découvrir ce qu'il faut faire.

La défensive sociale repose aujourd'hui : 1° sur les agents administratifs, émanant, les uns de l'initiative du pouvoir central, tels que les préfets, sous-préfets ; les autres, de l'élection, tels que les conseillers municipaux, maires, adjoints ; 2° sur la garde nationale ; 3° sur l'armée. Quant aux conseils généraux et d'arrondissement, leurs fonctions sont purement administratives, et leur intervention pour le rétablissement de la paix publique serait un fait extra-légal.

Dans les évènements de la nature de ceux que nous prévoyons, et dont nous voudrions conjurer les résultats funestes, une très-petite partie de cette défensive est mise en action, le reste est paralysé. Tant que les communications télégraphiques ne sont pas interrompues, le gouvernement communique avec les préfets pour les tenir au courant des péripéties de la lutte, souvent pour leur transmettre des dépêches rassurantes que les bruits publics ne tardent pas à démentir. Quant aux conseils généraux, frappés légalement d'impuissance ; quant aux conseils municipaux, parqués dans les limites d'attributions restreintes ; quant aux gardes nationales, enchaînées par les prescriptions de la loi de 1831, ils demeurent dispersés sur la surface des départements, rendus systématiquement inhabiles à opposer une digue à l'anarchie, qui du centre menace de déborder sur tous les points du territoire, comme s'ils devaient être étrangers, demeurer indifférents au danger public.

Sans doute les choses ne se sont pas tout à fait passées ainsi au mois de juin ; mais il importe que l'on sache que le Pouvoir qui les appelait à son aide agissait en dehors des prescriptions et des formes légales (art. 128, loi de 1831), que les préfets, sous-préfets, maires, gardes nationaux qui répondaient à son appel, pouvaient sans forfaiture, en se retranchant derrière l'art. 128 de la loi de 1831. lui refuser leur concours, et que les conseils généraux qui, sous la pression de la nécessité, prenaient la résolution patriotique de se dévouer au salut public, s'arrogeaient un droit et des attributions que la loi leur dénie.

Etrange imperfection de la loi qui, par son imprévoyance, imprime le caractère d'un délit aux plus beaux élans du patriotisme! Etrange aberration de l'esprit de système qui frappant de cécité tous les gouvernements, les a empêchés de se créer derrière eux une base large, nationale, sur laquelle ils puissent faire retraite au jour du danger!

Nous nous adressons à tous les hommes de bonne foi, et nous leur demandons si une loi ainsi conçue n'est pas la complice aveugle (c'est-à-dire la pire espèce des complices) des révolutionns et de l'anarchie.

Sans entrer dans tous les détails de lois aussi compliquées et aussi importantes que celles dont nous provoquons ici l'élaboration, indiquons par quelques dispositions principales, leur but et leur portée.

Nous demanderions, par exemple, que tout en conservant pour les moments de calme aux conseils généraux, ainsi qu'aux conseils cantonnaux de création nouvelle, le caractère de rouages administratifs, la loi leur donnât exceptionnellement celui d'instrument de défensive sociale, et fît au gouvernement, non-seulement un droit mais un devoir de s'appuyer sur eux dans les moments de crise enfantés soit par une lutte intérieure, soit par une invasion étrangère. Nous demanderions que dès la première barricade élevée, dès le premier coup de fusil tiré dans les rues de Paris, le ministre de l'intérieur ne pût se soustraire à l'obligation légale, de convoquer tous les conseils généraux, tous les conseils cantonnaux, prévoyant ainsi l'interruption possible des communications avec eux. Les attributions de ces conseils, purement administratives dans des temps ordinaires, s'accroîtraient dans ces circonstances et en raison de ces circonstances; de concert avec les représentants du pouvoir central (préfets et sous-préfets), ils devraient organiser la défensive sociale, non-seulement dans leurs circonscriptions respectives, mais ils auraient surtout pour mission de tenir prêts à marcher contre l'ennemi commun, soit intérieur soit extérieur, les contingents que la loi leur aurait d'avance imposé l'obligation de fournir; ils pourraient convoquer les conseils municipaux de toutes les communes ou tout ou moins ceux des chefs lieux de canton. Nous demanderions encore, que si quelques départements venaient à se trouver séparés du pouvoir central par l'interruption des communications télégraphiques, soit par l'invasion d'un détachement ennemi, la convocation de ces conseils (de département et de canton) eut lieu de plein droit, soit par l'initiative des préfets, soit par leur propre initiative. Nous voudrions enfin que dans l'organisation des gardes nationales, les contingents mobilisables fussent toujours désignés, et placés sous la main de leurs officiers.

Les articles 128, 129, 130 de la loi du 22 mars 1831, rédigés en vue du rétablissement de l'ordre et de la paix publique, soit sur le territoire des départements, soit en dehors de ces territoires, laissent en vérité tout à faire pour le moment du danger. Les autorités ne sauraient procéder à la formation des détachements avant d'avoir reçu les réquisitions exigées. S'il s'agit de franchir les limites des départements, les réquisitions doivent être précédées d'une ordonnance du pouvoir exécutif (article 128), en sorte que si les nécessités de la lutte ne lui laissent ni les moyens ni le temps de promulguer cette ordonnance, ou si les communications sont interrompues, il peut succomber, ayant derrière lui des forces immenses, intéressées à sa conservation, et qui le laisseront périr faute d'avoir été organisées à temps pour sa défense. La formation elle-même de ces détachements est une occasion de trouble, de confusion et de lenteurs.

Dans l'organisation que nous proposons au contraire, ces lenteurs, cette confusion, ce trouble, seraient évités, parce que la loi devenue enfin prévoyante, aurait organisé d'avance la défensive pour avoir l'ordre, comme une politique intelligente prépare la guerre pour maintenir la paix. (*Si vis pacem, para bellum*). Les détachements seraient formés d'avance, leurs chefs désignés, les réquisitions ne sauraient se faire attendre; point ne serait besoin d'une ordonnance du pouvoir exécutif, le conseil général de concert avec le préfet y suppléerait, et prendrait toutes les mesures de salut public prévues par la loi, sans être forcés d'en référer au pouvoir central qui peut être empêché par d'autres soins, ou même séparé d'eux.

Enfin, si par une de ces circonstances fatales que nous avons indiquées précédemment, l'anarchie venait à triompher un moment sur le pavé de Paris, elle rencontrerait au dehors la société tout entière, debout, résolue, dès longtemps préparée à servir de base au gouvernement qui ferait retraite sur elle, pour opérer un retour offensif contre les factions passagèrement triomphantes.

Puis quand l'ordre serait rétabli , les attributions temporaires dont la société pour sa défense aurait investi les conseillers généraux , cantonnaux , municipaux , et les préfets , rentreraient dans leurs limites habituelles et il ne resterait plus qu'à examiner si quelques-uns des nombreux agents de la défensive sociale , auraient failli au danger public , depuis le ministre qui par une imprévoyance présomptueuse aurait négligé ou retardé de s'appuyer sur eux, jusque au simple conseiller municipal , depuis les commandants des gardes nationales, jusque aux simples gardes, qui se seraient montrés irrésolus devant l'accomplissement de leur devoir. (Pénalités sévères.)

Tel est le cadre que nous offrons aux méditations des hommes d'état. En le remplissant avec soin, la loi réglerait au lieu de la frapper de torpeur , l'élan des forces sociales, qui dans l'état actuel, s'il venait à se réveiller, ne trouverait ni frein ni direction nulle part; elle substituerait sa propre initiative à l'initiative individuelle , toujours dangereuse quand elle n'est pas contenue. Par l'uniformité des moyens qu'elle emploierait, et des obligations qu'elle ferait peser partout et sur tous, elle maintiendrait l'unité ; par la sécurité qu'elle inspirerait elle porterait un coup mortel aux germes de décentralisation et de fédéralisme. En conviant la société tout entière à intervenir dans les luttes qui doivent décider de son sort, elle affranchirait le pouvoir d'une fragilité funeste ; elle donnerait aux hommes d'ordre et de progrès, un moment aveuglés par des divisions imprévues, le temps de revenir à eux, de reconnaître le danger, et de se rallier dans un faisceau commun. Elle retremperait le ressort politique , elle enlèverait aux factions leur champ de bataille, en rendant leur victoire inutile; elle replacerait la nation en possession d'elle-même. L'ordre politique rétabli sur sa base véritable , ne serait plus condamné à un perpétuel effort d'équilibre. En un mot, elle transformerait une centralisation abusive et tyrannique, parce qu'elle est faible , en une centralisation féconde, parce qu'elle serait forte.

Et si jamais, ce qu'à Dieu ne plaise, les étrangers venaient à porter la guerre sur notre sol, la France ne serait plus exposée à donner le triste spectacle d'une grande nation s'affaissant sur elle-même et subissant le joug, du jour où un uniforme ennemi aurait pénétré dans sa capitale. Deux fois déjà dans notre siècle , la nation la plus guerrière du monde a subi cette cruelle humiliation. Que ce souvenir nous serve d'enseignement. Montesquieu a dit quelque part : *Si un état périt par une seule bataille, c'est qu'il portait en lui un mal caché qui a causé sa fragilité.* Le mal nous venons de le signaler.

Envahie deux fois par les armées françaises en 1805 et 1809 , l'Autriche nous disputait encore la victoire après la prise de sa capitale, dans les champs d'Austerlitz, d'Esling et de Wagram. La prise de Moscou loin d'assurer pour Napoléon la conquête de la Russie, devenait le signal de ses désastres. L'Espagne enfin, cette vaincue à jamais glorieuse que nos soldats ont pu dominer mais non soumettre, a trouvé dans les débris de sa défaite assez d'énergie pour repousser ses conquérants.

La France posséderait-elle moins de ressources, moins de patriotisme? Non sans doute; mais au lieu de les frapper d'une paralysie légale, il faut les retremper par la loi et les grouper autour d'un ordre politique mieux assis.

———

Expression d'une opinion aussi désintéressée que sincère, écrites en dehors de toute préoccupation de parti, nous livrons ces pages au public avec le sentiment d'un devoir accompli. Rien de plus , rien de moins ; les électeurs apprécieront.

Qu'il nous soit permis de terminer par un conseil et par un vœu.

Le conseil sera le résumé de ce travail.

L'Assemblée législative a une tâche immense à accomplir. Le danger est pressant. La situation extérieure devient chaque jour plus menaçante. Elle nous présente l'alternative de subir la honte de voir les affaires de l'Europe se décider sans nous, et par conséquent contre nous, ou de déchaîner les passions démagogiques avec la guerre. Elle aura dans ses mains non seulement le sort de la France, mais le sort de l'Europe peut-être.

Inintelligente en face de la situation, elle doit nous jeter dans les catastrophes. Ferme et prévoyante, elle peut nous sauver. La mission des hommes qui par leur influence doivent décider du choix des candidats, est donc plus que jamais solennelle. Que leur attention s'applique srupuleusement à cet examen. Qu'ils écartent avec fermeté, quels que soient d'ailleurs leurs antécédents ou leur mérite personnel, tous ceux qui ne fe-

ront pas preuve de perspicacité politique, tous ceux qui n'apporteront pas
dans leurs circulaires ou devant les comités, des vues sérieuses, et l'engagement formel de s'occuper, d'une part, avec une sollicitude incessante
de l'amélioration du sort des classes déshéritées ; de l'autre, de jeter
les bases d'une défensive énergique, à l'abri de laquelle la nation française puisse accomplir dans sa force ses destinées d'ordre et de progrès,
et suffire avec grandeur au rôle que la Providence lui a tracé dans les
destinées du monde. Qu'ils repoussent surtout, sans pitié, ces profes-
sions de foi hermaphrodites qui se renferment dans des généralités ba-
nales, afin de plaire à tout le monde sans engager à rien. La société
est en péril, la franchise seule peut la sauver, et les aveugles ne seraient
pas moins dangereux pour elle que les utopistes.

Quant au vœu que nous formons du plus profond de notre cœur,
c'est que la députation du département de l'Oise, réunissant au talent
la pénétration politique, inaugure son mandat et honore à jamais son
initiative, en arrivant à l'Assemblée législative avec une série de propositions et de projets de loi qui donnent satisfaction aux besoins du
présent et de l'avenir, qui placent l'ordre social à l'abri de toute violence, qui développent graduellement son expansion pour le plus grand
bien de tous, et rendent à la France la liberté d'action qui lui manque
en face de l'Europe, et sans laquelle elle ne saurait reconquérir la
place que son histoire et son génie lui assignent au-dessus de tous les
peuples.

Crépy (Oise), le 14 mars 1849.

Pr. DE FLEURY.